PETER GAYMANN kocht
Weihnachtsgans & Zimtparfait

Mosaik bei
GOLDMANN

INHALT

Vorspeisen

- 7 Feldsalat an Walnussdressing
- 8 Carpaccio von Roter Bete und Kartoffeln mit Saiblingsfilet
- 11 Lachsnockerln auf Feldsalat
- 13 Orangen-Möhren-Cremesuppe mit Makrele
- 14 Paprikasuppe mit frittiertem Lauch und Klößchen aus Ziegenkäse
- 17 Zucchinicremesuppe mit Lachs
- 19 Cremige Krebssuppe

Fischgerichte

- 22 Gefülltes Forellenfilet mit Kräuterschaum
- 25 Zander in der Salzkruste mit Tomaten-Basilikum-Vinaigrette
- 27 Seeteufel-Osso-Buco in Gewürzkruste
- 28 Lachsforelle auf Risotto mit Mangoldstreifen
- 31 Fischfondue

Fleischgerichte

- 35 Gänsekeulen mit Beifuß
- 36 Gefüllte Kalbfleischröllchen
- 39 Ente mit Apfel-Lebkuchen-Sauce
- 40 Wildragout
- 42 Weihnachtsgans
- 45 Lammrücken mit Rotweinzwiebeln
- 46 Entenbrust mit Dörrobst-Püree
- 49 Schweinemedaillons mit Sherry-Champignons

Vegetarisches

- 53 Grüne Nudeln in Knoblauch-Mandel-Sauce
- 54 Ziegenkäse aus dem Ofen
- 57 Gemüse-Käse-Roulade
- 59 Gebackene Artischocken
- 60 Rotes Käsefondue

Desserts

- 65 Orangencreme mit Karamell
- 66 Zimtparfait mit Früchten
- 69 Kirschtrifle aus England
- 71 Orangensorbet in der Schale
- 72 Marzipanhippen mit Obstsalat und Eis
- 75 Feigen mit Zimtschaum
- 77 Preiselbeernocken

Vorspeisen

Feldsalat an Walnussdressing

Carpaccio von Roter Bete und Kartoffeln mit Saiblingsfilet

Lachsnockerln auf Feldsalat

Orangen-Möhren-Cremesuppe mit Makrele

Paprikasuppe mit frittiertem Lauch und Klößchen aus Ziegenkäse

Zucchinicremesuppe mit Lachs

Cremige Krebssuppe

"Dschingel bell Dschingel bell..."

"Wir wollten doch Weihnachten mal ganz anders feiern!"

Feldsalat
an Walnussdressing

200 g Feldsalat
2 Tomaten
100 g Sojasprossen
1 EL Schnittlauchröllchen
2 EL Rotweinessig
Salz
Pfeffer, frisch gemahlen

1 EL Walnussöl
1 Zwiebel
1 Knoblauchzehe

FÜR 4 PORTIONEN

1 Den Feldsalat waschen, putzen und trocken schleudern. Die Tomaten waschen, die Stielansätze entfernen und das Fruchtfleisch fein würfeln. Beides auf Tellern anrichten.

2 Die Sojasprossen waschen und mit den Schnittlauchröllchen auf den Salat streuen.

3 Für das Dressing Essig, Salz und Pfeffer verrühren. Das Walnussöl unter Rühren darunterschlagen. Die Zwiebel und die Knoblauchzehe abziehen, sehr fein hacken und unter das Dressing mischen.

4 Den Salat mit dem Walnussdressing mischen und kurz durchziehen lassen.

Tipp:
Der Feldsalat mit Walnussdressing ist der ideale Wintersalat. Wer mag, kann noch gehackte Walnusskerne darüberstreuen.

Carpaccio
von Roter Bete und Kartoffeln mit Saiblingsfilet

300 g Kartoffeln
2 Knollen Rote Bete
Salz
Pfeffer
20 g Butter
4 Saiblingsfilets
2 Thymianzweige

1 Rosmarinzweig
3 EL Olivenöl
2 EL Weißweinessig
2 EL Fischfond
Schale von 1 Limette
1/2 EL gehackte Petersilie
1/2 EL Schnittlauchröllchen

FÜR 4 PORTIONEN

1 Ofen auf 170 °C vorheizen. Kartoffeln waschen und in Salzwasser garen. Rote Bete in Alufolie wickeln, im Ofen ca. 1 1/2 Stunden garen. Kartoffeln und Rote Bete noch warm schälen. Abkühlen lassen und in dünne Scheiben schneiden.

2 Rote Bete- und Kartoffelscheiben abwechselnd kreisförmig auf Tellern anrichten, mit Salz und Pfeffer würzen.

3 Butter in einer Pfanne erhitzen, die Saiblingsfilets anbraten und mit Salz und Pfeffer würzen. Thymian- und Rosmarinzweige dazugeben, die Filets bei sanfter Hitze braten, bis sie gar sind. Kräuterzweige aus der Pfanne nehmen, sie werden nicht weiterverwendet. Den Fisch auf einen Teller legen und mit Alufolie abdecken.

4 Öl, Essig, Fischfond und Limettenschale in die Pfanne geben und etwas einkochen lassen.

5 Fischfilets auf dem Carpaccio anrichten, Petersilie und Schnittlauch in die Marinade geben und über dem Carpaccio verteilen. Nach Belieben mit Friséesalat und Kerbel garnieren.

Man nehme...

...was man kriegt!!

Lachsnockerln
auf Feldsalat

200 g Feldsalat
200 g Frischkäse
2 EL Sahne
180 g geräucherter Lachs
1 Bund Dill
1 kleine Zwiebel, fein gehackt
3–4 EL Essig
150 g Sahne
Salz
Pfeffer, frisch gemahlen
2 Scheiben Toastbrot

FÜR 4 PORTIONEN

1 Feldsalat gründlich waschen, putzen und verlesen. Anschließend mit der Salatschleuder trocknen und in eine Schüssel geben.

2 Frischkäse mit der Sahne verrühren. Den Räucherlachs fein würfeln. Den Dill abbrausen und trocken schütteln. Etwas Dill zum Garnieren beiseitelegen, den Rest fein hacken. Lachs und Dill unter den Frischkäse rühren. Mithilfe von zwei Löffeln aus der Masse je 2 Nockerln formen und auf einen Teller legen.

3 Für das Dressing die Zwiebel, den Essig und die Sahne in eine Schüssel geben und mit dem Schneebesen schaumig schlagen, mit Salz und Pfeffer abschmecken.

4 Dressing über den Feldsalat geben und kurz durchmischen. Den Salat zu den Nockerln auf die Teller geben. Das Toastbrot goldbraun rösten, diagonal durchschneiden und auf die Teller legen.

Orangen-Möhren-Cremesuppe
mit Makrele

3 Orangen
600 g Möhren
2 Zwiebeln
2 EL Butterschmalz
2 TL Zucker
200 ml Weißwein
400 ml Gemüsebrühe

200 ml Orangensaft
200 g Sahne
1 TL Sahnemeerrettich
Salz, Pfeffer
150 g geräucherte Makrele mit Pfeffer
1/2 Bund Schnittlauch

FÜR 4 PORTIONEN

1 Die Orangen schälen, sodass auch die weiße Haut entfernt ist, vierteln und in Scheiben schneiden. Die Möhren schälen und in dünne Scheiben hobeln.

2 Die Zwiebeln abziehen und fein würfeln. Das Butterschmalz in einem Topf erhitzen, den Zucker zugeben und schmelzen. Möhren und Zwiebelwürfel darin 2 Minuten unter Rühren andünsten.

3 Die Orangen zu den Möhren geben, mit dem Weißwein, der Gemüsebrühe und dem Orangensaft aufgießen und zugedeckt bei mittlerer Hitze 35 Minuten kochen. Dabei gelegentlich umrühren.

4 4 Esslöffel Möhrenscheiben aus der Suppe nehmen und die Suppe mit einem Schneidstab pürieren. Die Sahne zugeben, nochmals aufkochen und mit Meerrettich, Salz und Pfeffer würzen.

5 Die Makrelenfilets in mundgerechte Stücke zupfen. Den Schnittlauch waschen und in 3 Zentimeter lange Stücke schneiden.

6 Die Möhrenscheiben auf 4 tiefe Teller verteilen und mit der Suppe auffüllen. Die Makrelenstücke in die Suppe geben und mit Schnittlauch bestreut servieren.

Paprikasuppe
mit frittiertem Lauch und Klößchen aus Ziegenkäse

140 g Ziegenquark
2 Schalotten
1 Knoblauchzehe
je 2 kleine Paprikaschoten, rot und gelb
4 EL Olivenöl
1 EL Tomatenmark

100 ml Weißwein
700 ml Hühnerbrühe
1/2 Bund Thymian
60 g Toastbrot
35 g weiche Butter
3 Eigelb
Salz

weißer Pfeffer
1 Stange Lauch
1 EL Mehl
Öl zum Ausbacken

FÜR 4 PORTIONEN

1 Ziegenquark in einem sauberen Küchentuch für mindestens 3 Stunden aufhängen und abtropfen lassen.

2 Schalotten und Knoblauch abziehen und klein schneiden. Paprikaschoten vierteln, entkernen, kalt abspülen und ebenfalls klein schneiden. Zusammen mit Schalotten und Knoblauch in Olivenöl anschwitzen. Tomatenmark dazugeben und kurz mitschwitzen. Mit Wein ablöschen und mit Brühe auffüllen. Aufkochen und 30 Minuten köcheln lassen.

3 Für die Klößchen Thymian zupfen und fein schneiden. Das Toastbrot von der Rinde befreien und in einer Küchenmaschine fein mahlen. Die Butter verrühren, nach und nach die Eigelbe hinzufügen, dann Quark, die Toastbrotkrume und den Thymian. Alles mit Salz und Pfeffer abschmecken.

4 Etwas Klößchenmasse in die Hand nehmen, mit einem Teelöffel kleine Nocken abstechen und in kochendes Salzwasser abstreifen. Mit der restlichen Masse genauso verfahren. Temperatur des Wassers reduzieren und gar ziehen lassen. Fertige Klößchen in den Suppentassen verteilen und warm halten.

5 Lauch putzen, längs halbieren und waschen. Gut abtropfen lassen und in 6 Zentimeter lange, dünne Streifen schneiden. Nochmals auf Küchenkrepp trocknen und mit dem Mehl vermengen. In 175 °C heißem Öl etwa 40 Sekunden goldbraun frittieren, herausnehmen und abtropfen lassen, salzen.

6 Suppe pürieren und durch ein feines Sieb streichen. Erneut aufkochen und mit Salz und Pfeffer abschmecken. Zusammen mit den Klößchen und dem frittierten Lauch servieren.

Zucchinicremesuppe
mit Lachs

3 kleine Zucchini
1 Schalotte
1/2 Knoblauchzehe
1 EL Olivenöl
1/2 l Gemüsebrühe
Salz
Pfeffer

100 g Sahne
100 g Räucherlachs

FÜR 4 PORTIONEN

1 Die Zucchini waschen, putzen und in Scheiben schneiden. Schalotte und Knoblauch abziehen und fein würfeln.

2 Das Olivenöl in einem Topf erhitzen, Schalotte und Knoblauch darin glasig dünsten. Die Zucchini kurz mitdünsten. Die Brühe angießen und die Suppe zugedeckt etwa 15 Minuten kochen lassen.

3 Die Suppe pürieren, mit Salz und Pfeffer würzen. Die Sahne angießen. Den Lachs in feine Streifen schneiden und unterrühren.

Luxusvariante:
Zusätzlich 200 Gramm frische, ausgepulte Krabben und 4 Zentiliter trockenen Sherry unterrühren. Die Suppe nach Belieben noch mit 2 Eigelben binden, sie dann aber nicht mehr kochen lassen.

Cremige Krebssuppe

1 gekochter Taschenkrebs (etwa 400 g)
200 g Lauch, Sellerie und Möhre (gemischt)
1 Schalotte
1 EL Butter
400 ml Fischfond
300 g Sahne
Salz, frisch gemahlener Pfeffer
etwas Zitronensaft
abgeriebene Schale von 1 unbehandelten Zitrone
1/4 Bund Rucola
1 TL Kräuterbutter

FÜR 4 PORTIONEN

1 Das Krebsfleisch aus den Scheren und dem Panzer auslösen und etwas kleiner schneiden. Das Gemüse waschen, Lauch putzen, Sellerie und Möhre schälen. Das Gemüse in feinste Streifen schneiden.

2 Die Schalotte abziehen und fein würfeln. In der heißen Butter andünsten, mit Fischfond aufgießen und 10 Minuten leise kochen lassen.

3 Sahne in den Fischfond gießen und nach dem ersten Aufkochen 5 Minuten ziehen lassen. Die Gemüsestreifen einlegen und in wenigen Minuten bissfest garen. Mit Salz, Pfeffer, Zitronensaft und etwas -schale würzen.

4 Den Rucola waschen, trocken schwenken und in Streifen schneiden. Das Krebsfleisch mit Kräuterbutter belegen und 20 Sekunden in der Mikrowelle erwärmen.

5 Auf vorgewärmte tiefe Teller verteilen und mit dem Sahnesüppchen begießen. Üppig mit Rucola bestreuen.

Fischgerichte

Gefülltes Forellenfilet mit Kräuterschaum

Zander in der Salzkruste mit Tomaten-Basilikum-Vinaigrette

Seeteufel-Osso-Buco in Gewürzkruste

Lachsforelle auf Risotto mit Mangoldstreifen

Fischfondue

Peter Gaymann als Fischliebhaber.

Gefülltes Forellenfilet
mit Kräuterschaum

4 Forellenfilets mit Haut
20 g Butter
2 Schalotten, fein gewürfelt
1 Knoblauchzehe, fein gewürfelt
je 50 g Zucchini, rote und gelbe Paprika, Aubergine, fein gewürfelt
1 TL Tomatenmark
2 EL gehackte Basilikumblätter
1 EL gehackte Petersilie
1 EL Ricotta
2 rote Zwiebeln, fein gewürfelt
2 Knoblauchzehen, fein gewürfelt
abgeriebene Schale von 1/2 Limette
40 g Butter
150 ml Weißwein
100 ml Fischfond
2 EL weißer Portwein
4 Eigelb
50 g Butter
je 1 EL Petersilie, Estragon, Kerbel, gehackt
1 EL Schnittlauch, in Röllchen geschnitten
Salz
Pfeffer, frisch gemahlen

FÜR 4 PORTIONEN

1 Forellenfilets waschen, trocken tupfen und mit der Hautseite nach unten auf ein Brett legen. Butter erhitzen. Schalotten und Knoblauch darin glasig andünsten. Zucchini-, Paprika- und Auberginenwürfel dazugeben und mitbraten. Mit Salz und Pfeffer würzen, Tomatenmark dazugeben und nochmals durchschwitzen. Alles in eine Schüssel geben und abkühlen lassen. Basilikum und Petersilie dazugeben, Ricotta untermischen.

2 Forellenfilets salzen und pfeffern, etwas von der Fülle daraufgeben und jeweils zur Hälfte einklappen. Die Filets vorsichtig in einen Dämpfeinsatz legen.

3 Im zum Dämpfeinsatz gehörenden Topf die roten Zwiebeln, den Knoblauch und die Limettenschale in der Butter anschwitzen, mit Wein, Fischfond und Portwein aufgießen, mit Salz würzen. Den Dämpfeinsatz auf den Topf geben, bei geschlossenem Deckel die Forellen ca. 5 Minuten dünsten.

4 Die Forellen aus dem Dämpfeinsatz nehmen, vorsichtig die Haut abziehen und warm stellen. Den Fond durch ein feines Sieb gießen und einreduzieren.

5 Die Eigelbe über einem heißen Wasserbad mit dem Fischfond cremig aufschlagen, dann die Butter unterrühren. Die gehackten Kräuter unterziehen.

6 Die Forellen vorsichtig auf Teller legen, mit der Sauce servieren.

Zander in der Salzkruste
mit Tomaten-Basilikum-Vinaigrette

1 küchenfertiger, ganzer Zander (1,5–2 kg)
je 2 Thymian- und Rosmarinzweige
3 Knoblauchzehen
6 Eiweiß
2,5 kg Salz
100 ml Wasser
150 g Mehl
1 Knoblauchzehe
50 ml Olivenöl
2 EL gewürfelte Schalotten
Saft und abgeriebene Schale von 1 unbehandelten Limette
50 ml weißer Balsamicoessig
200 g Tomatenwürfel
Salz, Pfeffer
1 EL Basilikum

FÜR 4 PORTIONEN

1 Zander waschen und trocknen. Kräuter und die angedrückten Knoblauchzehen in die Bauchhöhle geben.

2 Backofen auf 200 °C vorheizen. Eiweiß anschlagen, mit Salz, Wasser und Mehl vermischen. Die Hälfte der Masse auf ein Backblech geben, den Fisch darauflegen und mit dem Rest der Masse bedecken. 45 Minuten im Ofen garen.

3 Für die Vinaigrette den Knoblauch schälen und fein hacken. Olivenöl erhitzen, Schalottenwürfel und Knoblauch darin anschwitzen. Mit dem Limettensaft und dem Balsamicoessig ablöschen und vom Herd nehmen. Limettenschale und Tomatenwürfel dazugeben, mit Salz und Pfeffer würzen.

4 Von der Salzkruste einen Deckel abschneiden, den Fisch filetieren. Basilikum in Streifen schneiden und unter die Vinaigrette rühren. Den Fisch auf Tellern anrichten, mit der warmen Vinaigrette übergießen.

Tipp:
Dazu passen in der Pfanne geschwenkte Kartoffeln. Mit ein paar Rucolablättern garnieren.

Seeteufel-Osso-Buco
in Gewürzkruste

1 kg Seeteufelschwanz	1 Nelke	30 g Butter	120 g Meeresböhnchen
1 Zwiebel	200 ml trockener Weißwein	Salz	2 Bund gemischte Kräuter
1/2 Stange Lauch	1 Spritzer Rotweinessig	1 Bund Basilikum	(Koriander, Salbei, Thymian)
1 Möhre	2 Schalotten	10 geröstete Pinienkerne	1/2 TL Fenchelsamen
1 Petersilienwurzel	2 Knoblauchzehen	2 EL Olivenöl	1 TL Pfefferkörner
1 Lorbeerblatt	4 reife Tomaten	1 Prise Cayennepfeffer	100 ml Erdnussöl

FÜR 4 PORTIONEN

1 Vom Seeteufel die Haut abziehen, dann das Fischfleisch in etwa 2 Zentimeter dicke Scheiben schneiden. Die Zwiebel abziehen und halbieren. Den Lauch waschen und in grobe Stücke schneiden. Die Möhre waschen, schälen und grob zerteilen. Die Petersilienwurzel putzen. Aus der abgezogenen Fischhaut zusammen mit den Gemüsestücken und dem Lorbeerblatt sowie Nelke, 100 Milliliter Weißwein, Essig und 1/4 Liter Wasser einen Fischfond zubereiten.

2 Die Schalotten und eine Knoblauchzehe abziehen und würfeln. Die Tomaten enthäuten, das Fruchtfleisch halbieren und entkernen. Schalottenwürfel in der Butter anschwitzen, halbierte Tomaten dazugeben. 100 Milliliter Fischfond und den restlichen Weißwein angießen. Die Knoblauchzehe unter das Fondue mischen, mit Salz würzen und alles simmern lassen.

3 Für das Pesto Basilikum abbrausen, trocken schütteln und die Blätter abzupfen. Die Pinienkerne und die restliche abgezogene Knoblauchzehe mit dem Pürierstab zerkleinern. Nach und nach das Olivenöl einarbeiten. Mit Salz und Cayennepfeffer würzen.

4 Die Meeresböhnchen waschen, putzen und in schwach gesalzenem Wasser blanchieren.

5 Die Kräuter für die Gewürzkruste abbrausen, trocken schütteln, die Blätter abzupfen und fein hacken. Fenchelsamen und Pfefferkörner in eine Mühle geben. Die Fischscheiben mit den Gewürzen aus der Mühle und den fein gehackten Kräutern bestreuen und in einer heißen Pfanne im Erdnussöl etwa 4 Minuten von jeder Seite anbraten.

6 Zum Anrichten die Tomatensauce in die Mitte eines Tellers geben, Seeteufel-Osso-Buco auf das Fondue geben und die Meeresböhnchen anlegen. Pesto dazu reichen. Nach Belieben mit einigen Basilikumblättern garnieren.

Lachsforelle auf Risotto
mit Mangoldstreifen

8 Mangoldblätter mit Stiel
1 Knoblauchzehe
60 g Butter
1 EL Zwiebeln, fein gehackt
120 g Camarguereis

400 ml Gemüsebrühe
120 g Rundkornreis
200 ml Wein
125 g Sahne
800 g Lachsforellenfilet
einige Petersilienblätter

FÜR 4 PORTIONEN

1 Die Mangoldblätter vom Stiel trennen, die Blätter in Streifen schneiden und beiseitelegen. Den Knoblauch abziehen und zerdrücken. 30 Gramm Butter im Topf erhitzen, Zwiebel, Knoblauch und Mangoldstiele hinzugeben und alles glasig schwitzen. Zuerst den Camarguereis zufügen und umrühren, bis die Reiskörner aufplatzen; mit etwas Brühe ablöschen. Nach etwa 15 Minuten den Rundkornreis dazugeben, weiter umrühren und wieder etwas Brühe angießen. Unter ständigem Rühren immer wieder Brühe nachgießen, bis der Reis gar ist.

2 Wein und Sahne nacheinander zu der Reismischung geben, knapp 20 Minuten kochen. Zum Schluss die restliche Butter zufügen.

3 Die Mangoldblätter in eine Dim-Sum-Form oder einen Dämpfkorb geben. Die Forellen nach Größe der Form portionieren, mit der Petersilie belegen und 8 bis 10 Minuten dämpfen. Die Forellen mit dem Mangold in der Tellermitte anrichten und mit Risotto umranden.

Fischfondue

800 g gemischte Fischfilets (z. B. Kabeljau, Rotbarsch, Schwertfisch, Thunfisch und Lachs)
einige rohe geschälte Garnelen
600 g Gemüse (z. B. Spinat, Möhren, Kohlrabi und Champignons)

1 l Fischfond (Glas)
1/4 l trockener Weißwein
Salz
weißer Pfeffer
Tomaten-Vinaigrette:
400 g Tomaten
2 Knoblauchzehen
1 Bund Basilikum
1 EL Balsamicoessig

2 EL Olivenöl
Kräutercreme:
1 Bund gemischte Kräuter
200 g saure Sahne
2 EL Crème fraîche
2 TL Zitronensaft
2 TL Öl
Senfsauce:
2 Gewürzgurken

1 Bund Schnittlauch
1 EL körniger Senf
150 g Joghurt
150 g saure Sahne
1 EL Salatmayonnaise

FÜR 4 PORTIONEN

1 Fischfilets und Garnelen kalt abspülen und trocken tupfen. Den Darm von den Garnelen entfernen. Den Fisch in mundgerechte Stücke schneiden. Das Gemüse waschen und putzen, Spinat und Pilze ganz lassen, die anderen Gemüse in mundgerechte Stücke schneiden. Alles nach Sorten getrennt auf Teller verteilen. Den Fischfond mit 3/4 Liter Wasser und dem Wein erhitzen, salzen und pfeffern.

2 Die Tomaten waschen, ohne Stielansätze sehr klein würfeln. Den Knoblauch abziehen, dazupressen. Das Basilikum putzen und in Streifen schneiden. Mit Essig, Salz und Pfeffer unter die Tomatenwürfel mischen. Das Öl unterschlagen.

3 Für die Kräutercreme Kräuter waschen, trocken schwenken, fein hacken. Mit saurer Sahne, Crème fraîche, Zitronensaft und Öl mischen, salzen und pfeffern.

4 Für die Senfsauce die Gewürzgurken sehr fein hacken. Den Schnittlauch waschen und in feine Röllchen schneiden. Beides mit Senf, Joghurt, saurer Sahne und Mayonnaise mischen, salzen und pfeffern.

5 Den Fond in den Fonduetopf füllen, auf den Rechaud stellen. Fisch, Garnelen und Gemüse in kleinen Sieben im Fond garen, Saucen dazu essen.

Tipp:
Dazu schmeckt Baguette.

Fleischgerichte

Gänsekeulen mit Beifuß

Gefüllte Kalbfleischröllchen

Ente mit Apfel-Lebkuchen-Sauce

Wildragout

Weihnachtsgans

Lammrücken mit Rotweinzwiebeln

Entenbrust mit Dörrobst-Püree

Schweinemedaillons mit Sherry-Champignons

Peter Gaymann mit seinem Küchenwein.

Gänsekeulen mit Beifuß

4 Gänsekeulen (je 400 g)
Salz
Pfeffer
2 Äpfel (Boskoop)
2 Zwiebeln
16 vorgegarte Maronen
3 Zweige Beifuß

2 EL Öl
100 ml Weißwein
200 ml Wild- oder Geflügelfond (Glas)

FÜR 4 PORTIONEN

1 Die Gänsekeulen abbrausen, trocken tupfen und rundum mit Salz und Pfeffer einreiben. Die Äpfel vierteln, schälen, vom Kerngehäuse befreien und in große Stücke schneiden. Die Zwiebeln abziehen und klein würfeln. Die Maronen schälen. Den Beifuß waschen, trocken schütteln und die kleinen, bitteren Blättchen entfernen.

2 Den Backofen auf 180 °C vorheizen. Das Öl in einem großen Bräter erhitzen. Die Gänsekeulen darin rundum in 10 Minuten scharf anbraten, das ausgetretene Fett abgießen. Die Zwiebeln, die Äpfel und die Maronen zu den Keulen geben und anbraten.

3 Alles mit Wein und Fond ablöschen. Mit Salz, Pfeffer und Beifuß würzen. Die Gänsekeulen zugedeckt im Backofen (Umluft 160 °C, Gas Stufe 2–3) 1 Stunde und 30 Minuten schmoren.

Gefüllte Kalbfleischröllchen

2 Frühlingszwiebeln
2 Knoblauchzehen
1/2 Bund Basilikum
1–2 Zweige frische Minze
1/2 unbehandelte Zitrone
1 EL grüne Oliven ohne Stein
100 g Gorgonzola
2 EL Semmelbrösel
4 dünne Kalbsschnitzel (je ca. 160 g)
Salz
Pfeffer, frisch gemahlen
2 EL Olivenöl
50 ml Kalbsfond
50 ml trockener Weißwein
1 Fleischtomate
2 EL Mascarpone

FÜR 4 PORTIONEN

1 Frühlingszwiebeln waschen, putzen und in feine Ringe schneiden. Knoblauch abziehen und fein hacken. Kräuter waschen und trocknen. Abzupfen und fein hacken. Zitrone waschen, abtrocknen, die Schale fein abreiben, den Saft auspressen. Oliven fein hacken. Alle diese Zutaten mischen und mit dem Gorgonzola und den Semmelbröseln mit einer Gabel verkneten.

2 Fleisch mit dem Handballen etwas flacher drücken, jedes Schnitzel halbieren und mit der Gorgonzolamasse bestreichen. Aufrollen, mit Zahnstochern feststecken und salzen und pfeffern.

3 Das Öl erhitzen, die Röllchen darin rundherum kräftig anbraten. Mit Kalbsfond, Wein, 1 Esslöffel Zitronensaft und 50 Milliliter Wasser aufgießen und zugedeckt bei schwacher Hitze ca. 10 Minuten schmoren.

4 Tomate waschen und klein würfeln. Röllchen aus der Sauce heben und warm stellen. Tomate mit Mascarpone an die Sauce geben, etwas einkochen lassen und abschmecken. Mit den Röllchen servieren.

Tipp:
Die feine Sauce schmeckt so gut, dass Sie Reis, Tagliatelle oder auch frisches italienisches Weißbrot zum Auftunken dazu reichen sollten.

Ente
mit Apfel-Lebkuchen-Sauce

2 Äpfel
1 Zwiebel
50 g Lebkuchen ohne Glasur
2 EL Butterschmalz
150 ml Apfelsaft
1 Packung Entenpfanne (2 Keulen, 2 Flügel, 1 ganze Brust)
Salz
Pfeffer
400 ml Gemüsebrühe
4 Trockenpflaumen
1 Packung Kartoffelknödel
1 Glas Apfelrotkohl à 680 g

FÜR 4 PORTIONEN

1 Die Äpfel schälen, vierteln, vom Kerngehäuse befreien und klein schneiden. Die Zwiebel abziehen und anschließend grob würfeln. Die Lebkuchen ebenfalls in Würfel schneiden.

2 Das Butterschmalz erhitzen und Apfel- und Zwiebelstücke darin bei mittlerer Hitze 4 Minuten anbraten. Lebkuchen zugeben, mit dem Apfelsaft aufgießen, aufkochen und in einen Bräter umfüllen.

3 Den Backofen auf 180 °C (Umluft 160 °C, Gas Stufe 2–3) vorheizen. Die Ententeile auf die Apfelstücke legen, mit Salz und Pfeffer würzen und im heißen Ofen 45 Minuten garen. Dabei nach und nach mit der Gemüsebrühe aufgießen und die Ente immer wieder mit dem Schmorfond begießen.

4 Die Temperatur auf 220 °C (Umluft 190 °C, Gas Stufe 4–5) erhöhen und die Ente weitere 15 Minuten braten.

5 In der Zwischenzeit die Trockenpflaumen in heißem Wasser einweichen, abtropfen lassen und klein würfeln. Die Knödelmasse nach Packungsanleitung anrühren, Knödel formen, einige Pflaumenstücke in die Mitte drücken und die Knödel nach Vorschrift gar ziehen lassen.

6 Den Rotkohl erwärmen.

7 Die Ententeile aus dem Bräter nehmen und warm stellen. Die Sauce pürieren, durch ein Sieb streichen, nochmals aufkochen und mit Salz und Pfeffer abschmecken.

8 Die Ententeile mit Sauce, Knödel und Rotkohl auf 4 Tellern anrichten und servieren.

Wildragout

Oooh du fröhliche...

2 Zwiebeln
5 Wacholderbeeren
1 kg Wildgulasch (Schulter, Hals oder Keule von Reh, Wildschwein oder Hase)
2 Thymianzweige
1 Rosmarinzweig
1 Lorbeerblatt
5 schwarze Pfefferkörner
1/2 l Rotwein
4 EL Apfelessig
3 EL Butterschmalz
100 ml Wildfond
250 g Steinpilze
2 EL Mehl
100 g saure Sahne
1 EL Johannisbeergelee
Salz
Pfeffer, frisch gemahlen

FÜR 4 PORTIONEN

1 Für die Marinade 1 Zwiebel schälen und klein schneiden, die Wacholderbeeren zerdrücken. Das Wildgulasch mit der Zwiebel, den Wacholderbeeren, den Kräuterzweigen, dem Lorbeerblatt und den Pfefferkörnern in ein tiefes Gefäß geben.

2 Das Fleisch mit Rotwein und Apfelessig begießen und etwa einen Tag zugedeckt im Kühlschrank marinieren.

3 Am nächsten Tag einen Römertopf gründlich wässern. Das Fleisch aus der Marinade nehmen und trocken tupfen. Die Marinade durch ein Sieb gießen und beiseitestellen.

4 Die zweite Zwiebel schälen und in Spalten schneiden. Die Fleischwürfel in einer Pfanne in heißem Butterschmalz scharf anbraten, die Zwiebelspalten hinzufügen und mit anrösten.

5 Fleisch und Zwiebeln in den Tontopf geben. Den Bratensatz in der Pfanne mit der Rotweinmarinade aufkochen, vom Boden lösen und über das Fleisch gießen. Den Wildfond hinzufügen. Den Tontopf zudecken und in den kalten Backofen stellen. Das Wildragout bei 225 °C (Umluft 200 °C, Gas Stufe 4) etwa 1 1/4 Stunden garen.

6 Die Steinpilze putzen, mit einem feuchten Tuch abreiben, klein schneiden und zum Fleisch geben. Das Mehl mit der sauren Sahne verquirlen, unter das Ragout rühren. Alles mit Johannisbeergelee, Salz und Pfeffer abschmecken und zugedeckt im Ofen in 15 Minuten fertig garen.

Weihnachtsgans

1 Gans (3–5 kg)
5 große Äpfel
150 g Rosinen
4 EL Zucker
3 EL Paniermehl
Salz
1 Zweig Thymian
6 Zahnstocher
Küchengarn
1 EL Zucker
40 g Mehl
Pfeffer

FÜR 4–6 PORTIONEN

1 Die Gans mit kaltem Wasser ausspülen, trocken tupfen und die Fettdrüse am Ende des Rückgrats entfernen.

2 Die Äpfel schälen, das Kerngehäuse entfernen, das Fruchtfleisch in Würfel schneiden. Die Rosinen, den Zucker und das Paniermehl unter die Äpfel mischen.

3 Die Gans von innen salzen. Den Thymianzweig abwaschen, trocken tupfen und in die Gans legen. Die Apfel-Rosinen-Füllung fest in die Gans füllen. Auf jeder Seite der Bauchöffnung 2 Zahnstocher hintereinander so durch die Bauchlappen stecken, dass die beiden Enden der Zahnstocher ein gutes Stück aus den Bauchlappen herausragen. Um die freien Enden der Zahnstocher im Zickzack das Küchengarn wickeln und damit die Bauchöffnung zubinden. Bei der Öffnung am Hals wird auf jeder Seite 1 Zahnstocher eingestochen. Das Zubinden erfolgt wie bei der Bauchöffnung. Die Gans von außen mit Salz bestreuen.

4 Backofen auf 200 °C (Gas Stufe 3–4) vorheizen. 1 Tasse Wasser in einen Bräter füllen und die Gans auf dem Rücken hineinlegen. Die Haut an beiden Seiten der Brust 3- bis 4-mal einstechen. Während des Bratens die Gans wiederholt mit Sud und Wasser übergießen und das Fett abschöpfen. Sobald die Gans kräftig braun wird, Wasser zum Sud geben, den Bräter verschließen und die Gans schmoren lassen. Die Bratzeit beträgt ungefähr 3 Stunden. 10 Minuten vor Ende der Bratzeit den Deckel abnehmen, die Gans mit Sud übergießen und mit 1 Esslöffel Zucker bestreuen. Die Gans aus dem Bräter nehmen und warm stellen.

5 Den Sud in einen Topf füllen und mit Wasser auf 3/4 Liter Flüssigkeit auffüllen. Das Mehl mit kaltem Wasser glatt rühren. Das Fett vom Sud abschöpfen, die Sauce mit Salz und Pfeffer abschmecken, aufkochen, mit dem Mehl andicken und warm stellen.

6 Die Gans aus dem Backofen nehmen, die zugebundenen Teile öffnen, die Füllung herausnehmen und warm stellen. Die Gans tranchieren. Fett abschöpfen und die Sauce durch ein Haarsieb in eine Sauciere streichen.

43

Lammrücken
mit Rotweinzwiebeln

600 g sehr kleine Zwiebeln
2 Knoblauchzehen
1 kg Lammrücken (ausgelöst)
Salz
Pfeffer, frisch gemahlen
2 EL Öl
1 Flasche trockener Rotwein
1 TL Kräuter der Provence
2 TL Soßenbinder, hell
1/2 Bund glattblättrige Petersilie

FÜR 6 PORTIONEN

1 Die Zwiebeln schälen, die Knoblauchzehen ebenfalls schälen und durchpressen. Den Lammrücken mit Küchengarn zusammenbinden, salzen und pfeffern. Das Öl in einem Bräter erhitzen, darin das Fleisch rundum anbraten und wieder herausnehmen.

2 Zwiebeln und Knoblauch im Bratfett andünsten. 400 Milliliter Rotwein dazugießen und die Kräuter der Provence dazugeben. Alles im offenen Bräter etwa 10 Minuten schmoren. Den Backofen auf 200 °C (Umluft 175 °C, Gas Stufe 3) vorheizen.

3 Das Fleisch zurück in den Bräter geben und im Ofen 20 bis 30 Minuten braten. Ist die Flüssigkeit verkocht, noch etwas Rotwein zugeben.

4 Den Lammrücken herausnehmen, in Alufolie wickeln und 5 Minuten ruhen lassen. Die Zwiebeln aufkochen, unter Rühren Soßenbinder einstreuen und alles 1 Minute kochen lassen. Lammrücken in Scheiben schneiden und mit den Rotweinzwiebeln auf Tellern anrichten. Die Petersilienblättchen abzupfen und das Gericht damit bestreuen.

Tipp:
Dazu passen Kartoffelplätzchen.

Entenbrust mit Dörrobst-Püree

4 Entenbrüste
2 EL Öl
6 Thymianzweige
1 Rosmarinzweig
200 g rote Zwiebeln
300 g Schalotten
50 g Butter

300 ml Gewürztraminer
300 ml Portwein
50 ml Kalbsfond
2 EL Balsamicoessig
je 40 g getrocknete Äpfel,
 Aprikosen und Pflaumen
4 EL Grand Manier

1 EL Honig
600 g Kartoffeln
100 ml Milch
100 g Butter
Salz, Pfeffer
Muskatnuss
80 g Sahne

FÜR 4 PORTIONEN

1 Entenbrüste auf der Fettseite rautenförmig einschneiden. Öl erhitzen, die Entenbrüste auf der Hautseite kräftig anbraten. Mit Salz und Pfeffer würzen. 2 Thymianzweige und den Rosmarinzweig dazugeben. Wenden und die andere Seite anbraten. Alles auf ein mit Alufolie ausgelegtes Blech legen und bei 120 °C im Ofen ca. 20 Minuten garen. Danach noch etwas ruhen lassen.

2 Die Zwiebeln und Schalotten schälen und halbieren. In der heißen Butter anbraten, restliche Thymianzweige dazugeben. Mit Gewürztraminer und Portwein aufgießen und einreduzieren, bis die Flüssigkeit fast eingekocht ist. Mit Salz und Pfeffer würzen, Thymianzweige entfernen. Fond und Balsamicoessig zugeben.

3 Dörrobst fein würfeln, mit Grand Manier und Honig ca. 20 Minuten marinieren. Kartoffeln waschen, in Salzwasser garen und schälen. Milch mit 80 Gramm Butter erhitzen und etwas einkochen lassen. Kartoffeln durch die Presse drücken und in die Milchmischung geben. Glatt rühren und mit Salz, Pfeffer und Muskatnuss würzen. Trockenfrüchte in der restlichen Butter anbraten. Mit Sahne ablöschen und einreduzieren, bis die Flüssigkeit fast weg ist. Unter das Kartoffelpüree mischen.

4 Entenbrust mit Sauce und Püree servieren.

Schweinemedaillons
mit Sherry-Champignons

1 Zwiebel
400 g kleine Champignons
2–3 EL Öl
4 Schweinemedaillons
Salz
weißer Pfeffer,
 frisch gemahlen
1 TL eingelegte rosa
 Pfefferkörner
50 ml Sherry dry
150 g Sahne
2–3 EL Bratenfond (Fertig-
 produkt)
2–3 EL Soßenbinder, hell
Kerbelblättchen oder
 glattblättrige Petersilie
 zum Garnieren

FÜR 4 PORTIONEN

1 Die Zwiebel schälen und fein würfeln. Die Pilze putzen und in Scheiben schneiden. Das Öl in einer Pfanne erhitzen und darin die Schweinemedaillons von beiden Seiten etwa 6 Minuten braten. Das Fleisch salzen, pfeffern, herausnehmen und warm stellen. Die Zwiebelwürfel in dem heißen Bratfett andünsten, Pilze und Pfefferkörner dazugeben und mitdünsten.

2 Sherry, Sahne und 1/8 Liter Wasser hinzugießen. Den Bratenfond einrühren und aufkochen. Soßenbinder unter Rühren einstreuen und alles 1 Minute kochen lassen. Die Sherry-Champignons mit Salz und Pfeffer abschmecken.

3 Die Schweinemedaillons wieder dazugeben und das Gericht mit Kerbelblättchen oder Petersilie bestreuen.

Tipp:
Dazu passen Kartoffelrösti. Wenn Sie keinen Sherry zur Hand haben, nehmen Sie einen trockenen Weißwein.

Vegetarisches

Grüne Nudeln in Knoblauch-Mandel-Sauce

Ziegenkäse aus dem Ofen

Gemüse-Käse-Roulade

Gebackene Artischocken

Rotes Käsefondue

Peter Gaymann kommt vom Gemüsemarkt.

Noch ein kleiner Nachschlag gefällig?

Weniger Nudeln, mehr Trüffel!

Grüne Nudeln
in Knoblauch-Mandel-Sauce

250 g schmale grüne Bandnudeln
Salz
200 g frischer Blattspinat
3 Knoblauchzehen
2 EL Öl
50 g Mandelstifte
250 g Sahne
Pfeffer, frisch gemahlen

FÜR 2 PORTIONEN

1 Die Nudeln in Salzwasser nach Packungsanweisung bissfest kochen und gut abtropfen lassen.

2 Den Spinat putzen, dabei grobe Stiele entfernen. Die Spinatblätter waschen und in Streifen schneiden. Die Knoblauchzehen schälen und fein hacken.

3 Den Wok erhitzen, das Öl hineingeben und darin den Knoblauch und die Mandelstifte kurz anrösten. Beides wieder herausnehmen und beiseitestellen.

4 Die Sahne in den Wok geben und bei starker Hitze auf etwa die Hälfte einkochen lassen. Den Spinat hinzufügen und etwa 1 Minute mitkochen, bis er zusammenfällt.

5 Die Nudeln, den Knoblauch und die Mandeln vorsichtig unter den Spinat mischen und alles mit Salz und Pfeffer abschmecken.

Ziegenkäse
aus dem Ofen

1 Fleischtomate
1/4 Bund Petersilie
4 kleine runde Ziegenfrischkäse (à ca. 40 g)
1 Zweig Salbei
Pfeffer
1/2 TL brauner Zucker
1 EL Honigessig
1 EL Olivenöl

FÜR 2 PORTIONEN

1 Den Backofen auf 220 °C (Umluft 200 °C, Gas Stufe 4–5) oder auf Grillstufe vorheizen. Die Tomate waschen, abtrocknen und würfeln, dabei den Stielansatz entfernen. Die Petersilie waschen, trocken schütteln und fein schneiden. Beide Zutaten auf Portionsteller verteilen.

2 Ein Backblech mit Backpapier auslegen. Die Ziegenkäse darauflegen, mit den abgezupften Salbeiblättchen und mit Pfeffer bestreuen.

3 Das Blech in den heißen Ofen oder unter den Grill schieben und den Käse 2 bis 5 Minuten backen. Käse auf den Tomaten-Petersilien-Salat legen und mit dem braunen Zucker bestreuen. Mit Honigessig und Öl beträufeln und sofort servieren.

Gemüse-Käse-Roulade

Teig:
125 g Mehl
1 Ei
1/2 EL Olivenöl
1 Prise Salz

Füllung:
50 g Mangold
100 g Champignons
1 Schalotte
1/2 Knoblauchzehe
1 TL Olivenöl
75 g Quark

2 EL geriebener Parmesan
1 Eigelb
Salz
Pfeffer
Mehl für die Arbeitsfläche

FÜR 2 PORTIONEN

1 Das Mehl in eine Schüssel geben. Ei, Öl und Salz hinzufügen und alles zu einem elastischen Teig verkneten. Den Teig zugedeckt etwa 40 Minuten ruhen lassen.

2 Inzwischen die Mangoldblätter waschen, putzen, die Stiele abschneiden und das Grün grob zerkleinern. Nass in einen Topf geben und bei mittlerer Hitze zusammenfallen lassen. Den Mangold beiseitestellen, kurz abkühlen lassen, ausdrücken und fein hacken. Die Champignons putzen und ebenfalls fein hacken. Schalotte und Knoblauch abziehen und klein würfeln.

3 Das Öl erhitzen, Schalotte und Knoblauch darin glasig dünsten. Die Champignons hinzufügen und mitbraten, bis die Flüssigkeit, die sich dabei bildet, fast verdunstet ist. Den Mangold unterrühren und alles zugedeckt beiseitestellen.

4 Quark mit Parmesan, dem Eigelb und der Pilz-Mangold-Mischung vermengen. Die Masse mit Salz und Pfeffer würzen und zugedeckt beiseitestellen.

5 Den Nudelteig auf einer bemehlten Arbeitsfläche dünn ausrollen. Mit der Füllung bestreichen und aufrollen. Die Roulade in ein sauberes Leinentuch wickeln und die Enden mit Küchengarn zubinden.

6 Reichlich Salzwasser zum Kochen bringen und die Roulade darin bei mittlerer Hitze etwa 30 Minuten garen. Dann herausnehmen, vorsichtig aus dem Tuch lösen und in Scheiben schneiden. Dazu passt eine fruchtige Tomatensauce.

Gebackene Artischocken

12 kleine, spitze Artischocken
Fett für die Form
Saft von 1 Zitrone
Salz
Pfeffer
1 Zwiebel
2 Knoblauchzehen
2 frische Lorbeerblätter
2 EL Olivenöl
125 ml Gemüsebrühe (Instant)
1 Stück mittelalter Parmesan
*   (ca. 50 g)*

FÜR 4 PORTIONEN

1 Die Artischocken vom Stiel und den äußeren harten Blättern befreien und den oberen Teil mit den Spitzen großzügig abschneiden. Die Artischocken längs halbieren und das Heu herauslösen. Die Artischockenhälften in Scheiben schneiden und dachziegelförmig in eine gefettete Gratinform legen. Mit dem Zitronensaft beträufeln, mit Salz und Pfeffer würzen.

2 Den Backofen auf 200 °C (Umluft 180 °C, Gas Stufe 3–4) vorheizen. Die Zwiebel und den Knoblauch abziehen und fein hacken. Lorbeerblätter waschen, abtrocknen und fein zerkleinern. Alles im heißen Olivenöl dünsten, bis die Zwiebel glasig ist. Die Brühe zugießen und etwas einkochen lassen.

3 Die Mischung über die Artischocken gießen. Den Parmesan hobeln und darüberstreuen. Form in den heißen Backofen (mittlere Schiene) stellen und die Artischocken etwa 20 Minuten backen.

Rotes Käsefondue

1 Baguette
500 g Käse am Stück (Gouda und Emmentaler oder Greyerzer mit Provolone)
1/4 l trockener Weißwein
1 EL Mehl
1 EL Tomatenmark
1 EL Olivenöl
Salz
Pfeffer

FÜR 4 PORTIONEN

1 Das Baguette in mundgerechte Würfel schneiden.

2 Den Käse mit Weißwein, Mehl, Tomatenmark und Olivenöl im Fonduetopf auf dem Herd stetig rühren, bis eine homogene, geschmolzene Masse entsteht.

3 Den Fonduetopf auf den Tischrechaud stellen. Den Tomatenkäse nach Belieben mit Salz und Pfeffer würzen.

4 Die Brotstücke auf Spieße stecken und in das Käsefondue tauchen.

Desserts

Orangencreme mit Karamell

Zimtparfait mit Früchten

Kirschtrifle aus England

Orangensorbet in der Schale

Marzipanhippen mit Obstsalat und Eis

Feigen mit Zimtschaum

Preiselbeernocken

Peter Gaymann wünscht guten Appetit!

Die Weihnachts-
idee muss mit
neuen Inhalten
gefüllt werden.

Chef -
ich versteh nix,
aber ich
mach mit!

Orangencreme
mit Karamell

Butter für die Förmchen
150 g Würfelzucker
1 TL Zitronensaft
3 Eier
2 Eigelb
70 g Zucker
abgeriebene Schale von 1 unbehandelten Orange
1 Vanilleschote
1/2 l Milch
Orangenfilets zum Garnieren

FÜR 6 PORTIONEN

1 6 Flanförmchen einfetten. Den Würfelzucker mit 4 Esslöffel Wasser und dem Zitronensaft unter gelegentlichem Rühren goldbraun karamellisieren. Den Karamell sofort auf die vorbereiteten Förmchen verteilen.

2 Den Backofen auf 160 °C vorheizen. Die Eier mit den Eigelben und dem Zucker cremig rühren. Die Orangenschale in die Eiermasse geben. Die Vanilleschote längs aufschlitzen, das Mark herauskratzen und mit der Milch aufkochen. Die kochende Milch in die Eiermasse rühren.

3 Die Creme in die Förmchen gießen. Die Förmchen auf ein hohes Backblech setzen und etwa 3 Zentimeter hoch kochendes Wasser angießen. Im heißen Backofen (Umluft 140 °C, Gas Stufe 1–2) 50 Minuten garen. Anschließend herausnehmen und die Creme abkühlen lassen. Die Dessertportionen auf Teller stürzen. Mit den Orangenfilets garnieren und servieren.

Zimtparfait
mit Früchten

100 g getrocknete Früchte
3 EL Cointreau
1 Vanilleschote
400 g Sahne
1 Ei
1 Eigelb
30 g Zucker

2 EL Honig
1 TL gemahlener Zimt
1 EL Zitronensaft
Erdbeeren und Minze
*   zum Garnieren*

FÜR 6 PORTIONEN

1 Die Trockenfrüchte klein würfeln, in Cointreau einweichen und zugedeckt beiseitestellen.

2 Die Vanilleschote aufschlitzen und das Mark herauskratzen. Beides mit 150 Gramm Sahne aufkochen lassen. Ei, Eigelb und den Zucker cremig schlagen. Honig, Zimt und heiße Vanillesahne unterrühren. Die Masse erhitzen, bis sie dicklich ist. Auf Eiswasser kalt rühren.

3 Vanillemasse, Trockenfrüchte und Zitronensaft mischen. 250 Gramm Sahne steif schlagen und unterheben. Die Masse in eine Form füllen und 6 Stunden gefrieren, dabei immer wieder umrühren.

4 Zum Servieren das Parfait in Scheiben schneiden und mit Erdbeeren und Minze garnieren.

Kirschtrifle aus England

1/2 l Milch
500 g Sahne
60 g Zucker
1 1/2 Päckchen Vanillepuddingpulver
2 Eigelb
2 TL Puderzucker

250 g Tortenboden (Biskuit)
1 1/2 Gläser Schattenmorellen (je 800 g)
2 EL Kirschkonfitüre
2 EL Amarenakirschsirup
100 g Amarenakirschen
2 cl Kirschwasser

100 ml Sherry medium
100 ml Kirschsaft

FÜR 8 PORTIONEN

1 In einem Topf 400 Milliliter Milch mit 250 Gramm Sahne und dem Zucker aufkochen. Das Puddingpulver mit 100 Milliliter Milch glatt verrühren.

2 Das angerührte Puddingpulver in die kochende Milchmischung rühren. Den Pudding 2 Minuten unter Rühren kochen, dann vom Herd nehmen. Eigelbe verquirlen und unter den Pudding rühren. Den Pudding mit Puderzucker bestäuben und abkühlen lassen.

3 Den Boden einer großen Form mit einem Teil des Tortenbodens auslegen. Die Schattenmorellen abgießen, vorsichtig ausdrücken und abtropfen lassen. Davon 150 Gramm für die Garnitur in eine Schüssel geben und beiseitestellen.

4 Die Kirschkonfitüre mit dem Amarenakirsirup verrühren. Die Amarenakirschen zusammen mit dem Kirschwasser unter die Schattenmorellen mischen.

5 Den Biskuit in der Form mit jeweils 50 Milliliter Sherry und Kirschsaft beträufeln und mit der Konfitüremischung bestreichen. Zuerst die Hälfte des Puddings, dann die Hälfte der Kirschen darauf verteilen. Mit Biskuit bedecken, mit je 50 Milliliter Sherry und Kirschsaft beträufeln. Den übrigen Pudding und die restlichen Kirschen daraufschichten. Das Trifle 2 bis 3 Stunden kalt stellen.

6 Das Kirschtrifle in 8 Scheiben schneiden. Je 1 Scheibe auf einen Teller legen. 250 Gramm Sahne steif schlagen und in einen Spritzbeutel mit großer Sterntülle geben. Das Kirschtrifle mit der Sahne und mit den beiseitegelegten Kirschen garnieren und sofort servieren.

Orangensorbet
in der Schale

150 g Zucker
Saft von 2 Limetten
14 unbehandelte Orangen
2 Blatt weiße Gelatine
ca. 300 ml Orangensaft
3 EL Orangenblütenwasser
2 sehr frische Eiweiß

FÜR 8 PORTIONEN

1 Den Zucker mit 150 Milliliter Wasser und dem Limettensaft unter Rühren erhitzen, bis sich der Zucker aufgelöst hat. Die Flüssigkeit offen 5 Minuten einkochen, dann vom Herd nehmen und abkühlen lassen.

2 Die Orangen heiß waschen. Davon 8 schöne Früchte auswählen und jeweils einen Deckel abschneiden. Das Fruchtfleisch aus den Orangen lösen, ohne die Schale zu verletzen, und in einem Sieb ausdrücken, dabei den Saft auffangen. Die Orangenschalen und -deckel in das Tiefkühlfach geben.

3 Die Gelatine in kaltem Wasser einweichen. Die Schale von 2 weiteren Orangen abreiben. Von den nicht ausgehöhlten Orangen den Saft auspressen.

4 Den ausgepressten Orangensaft mit dem fertigen Orangensaft auf 3/4 Liter auffüllen. Die Orangenschale, das Orangenblütenwasser und den Zuckersirup unter den Saft rühren.

5 Die Gelatine tropfnass in einem kleinen Topf bei schwacher Hitze schmelzen lassen und anschließend schnell in der Saftmischung auflösen. Eiweiße steif schlagen und unterziehen. Die Sorbetmasse in der Eismaschine nach Herstelleranweisung zu einem Sorbet cremig gefrieren lassen.

6 Das angefrorene Sorbet in einen Spritzbeutel mit großer Sterntülle geben und in die gefrorenen Orangenschalen spritzen. Das Sorbet in den Schalen im Tiefkühlfach in 1 bis 2 Stunden vollständig gefrieren lassen.

7 Zum Servieren die Schalen mit den Sorbets auf Teller geben, die Deckel als Dekoration danebenlegen oder daraufsetzen.

Marzipanhippen
mit Obstsalat und Eis

90 g Mehl
120 g Puderzucker
200 g Marzipanrohmasse
2 Eiweiß (Größe S)
1–2 EL Milch
1 Prise Salz
2 feste Kakis

1 Karambole
1 Granatapfel
150 g weiße und blaue Weintrauben
2 EL Zitronensaft
1 EL flüssiger Honig
1 EL weißer Rum

8 Kugeln Vanilleeis
Minze zum Garnieren

FÜR 8 PORTIONEN

1 Für die Hippen das Mehl und den Puderzucker in eine Schüssel sieben. Die Marzipanrohmasse zerkleinern, mit den Händen unter die Mehlmischung kneten. Eiweiße nach und nach mit den Knethaken des Handrührgeräts darunterarbeiten. Die Milch und das Salz daruntermengen.

2 Den Backofen auf 200 °C vorheizen und zwei Backbleche mit Backpapier auslegen. Pro Blech 4 Kreise mit etwa 20 Zentimeter Durchmesser darauf zeichnen.

3 Den Teig mit einer Teigpalette dünn auf die markierten Kreise streichen. Im heißen Backofen (Umluft 180 °C, Gas Stufe 3–4) 5 bis 6 Minuten backen, bis die Teigkreise leicht Farbe angenommen haben.

4 Die Kreise aus dem Backofen nehmen und sofort vom Blech lösen. Jeden Kreis auf eine kleine umgedrehte Schüssel oder ein Glas legen. Die Ränder vorsichtig nach unten biegen und die Hippenschalen abkühlen lassen.

5 Für den Obstsalat die Kakis schälen und das Fruchtfleisch in Stücken herauslösen. Die Karambole waschen und in Scheiben schneiden. Vom Granatapfel die Krone abschneiden und die Frucht aufbrechen. Die Kerne zwischen den Häuten herauslösen. Die Trauben waschen, abtropfen lassen und abzupfen.

6 Zitronensaft, Honig und Rum verrühren und mit dem Obst vermischen. Die Marzipanhippen auf Dessertteller setzen, in jede Hippe etwas Obstsalat und 1 Kugel Eis setzen. Mit Minze garnieren und sofort servieren.

Feigen mit Zimtschaum

2 kleine Orangen
5 reife blaue Feigen
2 sehr frische Eigelb
2 EL Puderzucker
1/4 TL gemahlener Zimt
150 ml Milch (1,5 % Fett)
Zitronenmelisse zum Garnieren

FÜR 4 PORTIONEN

1 Die Orangen waschen, trocken reiben und so dick abschälen, dass auch das Weiße mit entfernt wird. Die einzelnen Fruchtfilets aus den Trennhäuten herauslösen. 6 Orangenfilets in ein Sieb geben und mit einer Gabel auspressen, es sollen 8 Esslöffel Saft dabei entstehen.

2 Die Feigen behutsam waschen, trocken tupfen und in Scheiben schneiden. In eine Schüssel legen und mit 4 Esslöffel Orangensaft beträufeln. Zudecken und bis zur Verwendung beiseitestellen.

3 Einen Wasserbadtopf etwa handbreit mit Wasser füllen und dieses aufkochen lassen.

4 In einer passenden hitzefesten Schlag- oder Wasserbadschüssel die Eigelbe mit Puderzucker, Zimt und dem restlichen Orangensaft verrühren. Die Schüssel in das heiße, aber nicht mehr kochende Wasserbad stellen und die Milch einrühren. Die Masse mit dem Schneebesen so lange kräftig schlagen, bis ein cremiger Schaum entsteht.

5 Die Feigen mit den Orangenfilets und dem Zimtschaum sofort auf flachen Tellern anrichten und mit Melisseblättchen garnieren.

Tipp:
Zimtschaum als Beigabe zu Früchten ist eine feine Sache. Man sollte aber sicher sein, dass die Eigelbe von wirklich frischen Eiern stammen, um der Gefahr von Infektionen aus dem Weg zu gehen.
Den süßen Schaum konnen Sie beliebig variieren. Statt Zimt schmeckt auch Kardamom, Zitronenlikör oder Vanillemark. Achten Sie darauf, dass das Wasserbad nicht mehr kocht, sobald der Eigelbschaum daraufkommt.

Preiselbeernocken

6 Blatt weiße Gelatine
2 kleine unbehandelte Zitronen
1/8 l Apfelsaft
50 g Zucker
300 g Joghurt (1,5 % Fett)
2 Eiweiß
50 g Sahne
5 EL ungezuckerte Preiselbeeren (aus dem Glas)
Zitronenmelisse zum Garnieren

FÜR 4 PORTIONEN

1 Die Gelatine in wenig kaltem Wasser einweichen. Die Zitronen heiß waschen. Von einer Zitrone mit einem Zestenreißer einige Streifen Schale zum Garnieren abziehen. Beide Zitronen auspressen.

2 Apfelsaft, Zitronensaft und Zucker erhitzen, aber nicht aufkochen lassen. Vom Herd nehmen. Die Gelatine ausdrücken und unter Rühren in der Saftmischung auflösen. Etwas abkühlen lassen. Die Mischung unter den Joghurt rühren. Für einige Minuten in den Kühlschrank stellen.

3 Eiweiße zu Eischnee schlagen. Die Sahne steif schlagen. Beides unter die leicht gelierte Joghurtmasse heben und diese für weitere 15 Minuten kalt stellen.

4 Die Preiselbeeren durch ein Sieb streichen und so unter die Joghurtmasse ziehen, dass eine schöne Marmorierung entsteht. Zugedeckt etwa 1 1/2 Stunden kalt stellen.

5 Zum Servieren mit kalt angefeuchteten Esslöffeln von der Preiselbeermasse Nocken abstechen und auf Tellern anrichten. Die Nocken mit Zitronenschalenstreifen und Melisseblättchen garnieren.

Tipp:
Sie können die Mousse auch in 4 Kelchgläser oder Schälchen füllen. Vor dem Servieren mit abgetropften Preiselbeeren und einigen Blättchen Zitronenmelisse garnieren.

Von Peter Gaymann
bei Mosaik bei Goldmann:

Peter Gaymanns
Wellness-Hühner

ISBN 978-3-442-39072-4

Peter Gaymanns
Weinlese

ISBN 978-3-442-39086-1

Peter Gaymanns
Katzen

ISBN 978-3-442-39098-4

Peter Gaymanns
Liebesglück

ISBN 978-3-442-39122-6

Peter Gaymanns
Weinlese 2008 (Wandkalender)

ISBN 978-3-442-31800-1

Peter Gaymann
Saumäßig verliebt

ISBN 978-3-442-39123-3

1. Auflage
© 2007 Wilhelm Goldmann Verlag, München, in der Verlagsgruppe Random House GmbH
Einzelabdruckrechte an den Zeichnungen von Peter Gaymann: www.cartoon-agentur.de
Umschlagillustration: Peter Gaymann
Umschlaggestaltung: WILD AT ART, Andrea Schmidt, München
Illustrationen: Peter Gaymann
Fotos von Peter Gaymann: © Viktoria Steinbiß
Bildredaktion: Elisabeth Franz
Rezeptbilder: Falken Verlag Archiv: 8, 11, 23 (W. Feiler), 41, 44, 48 (M. Krapohl), 53 (M. Brauner); Mosaik Verlag Archiv: 14 (J. Brettschneider); Südwest Verlag Archiv: 7 (B. Bonisolli), 12 (A. Plewinski), 17, 30, 35, 55, 57, 58 (M. Urban), 18, 37 (M. Holz), 25, 26, 28, 66, 74, 77 (R. Seiffe), 39 (M. Brauner), 43 (W. Feiler), 46, 60, 65 (D. Albrecht), 68, 70, 72 (K. Arras)
Artwork und Gestaltung: WILD AT ART, Andrea Schmidt, München
Reproduktion: Lorenz & Zeller, Inning a.A.
Druck und Bindung: TBB, Banská Bystrica
Printed in the Slovak Republic
ISBN 978-3-442-39125-7

www.mosaik-goldmann.de